Evangelia Giakoumi

REACH (Reg. 1907/2006): gestão de riscos e mecanismos de partilha de competências

AF671651

Evangelia Giakoumi

REACH (Reg. 1907/2006): gestão de riscos e mecanismos de partilha de competências

Estudo sobre a política europeia em matéria de substâncias químicas

ScienciaScripts

Imprint
Any brand names and product names mentioned in this book are subject to trademark, brand or patent protection and are trademarks or registered trademarks of their respective holders. The use of brand names, product names, common names, trade names, product descriptions etc. even without a particular marking in this work is in no way to be construed to mean that such names may be regarded as unrestricted in respect of trademark and brand protection legislation and could thus be used by anyone.

Cover image: www.ingimage.com

This book is a translation from the original published under ISBN 978-3-659-54602-0.

Publisher:
Sciencia Scripts
is a trademark of
Dodo Books Indian Ocean Ltd. and OmniScriptum S.R.L publishing group

120 High Road, East Finchley, London, N2 9ED, United Kingdom
Str. Armeneasca 28/1, office 1, Chisinau MD-2012, Republic of Moldova, Europe
Printed at: see last page
ISBN: 978-620-8-30816-2

Copyright © Evangelia Giakoumi
Copyright © 2024 Dodo Books Indian Ocean Ltd. and OmniScriptum S.R.L publishing group

ÍNDICE DE CONTEÚDOS

TABELA DE ABREVIATURAS

BoA: Board of Appeal

CAC: command and control

CoRAP: Community rolling action plan

CSA: chemical safety assessment

CSR: chemical safety report

EC: European Commission

ECHA: European Chemicals Agency

EU: European Union

IUCLID: international uniform chemical information database

MSC: Member State Committee

PBT: persistent, bioaccumulative and toxic

PIC: prior informed consent

PPORD: product and process research and development

R&D: research and development

RAC: Committee for Risk Assessment

REACH: registration, evaluation, authorisation and restriction of chemicals

SDS: safety data sheet

SEAC: Committee for socio-economic analysis

SIEF: substance information exchange forum

SVHC: substances of very high concern

vPvB: very persistent, very bioaccumulative

WTO: World Trade Organisation

Introdução

Este artigo relata um estudo que analisa o atual Regulamento Europeu (CE) 1907/2006, relativo à produção, comércio e importação de substâncias químicas no mercado interno europeu, mais conhecido como REACH. Este diploma legislativo europeu entrou em vigor a 1 de junho de 2007[1] e é composto por 141 artigos e 17 anexos, causando grande controvérsia devido aos métodos de gestão de risco adoptados, bem como aos complexos mecanismos de partilha de competências. Alguns destes elementos discutíveis, bem como alguns dos seus pontos fortes e fracos, serão ilustrados no presente documento.

O estudo foi dividido em duas partes genéricas: uma teórica e outra processual. A parte teórica é apresentada nos capítulos I e II, enquanto a parte processual é apresentada nos capítulos III a VI.

O objetivo da parte teórica é situar o REACH no quadro político europeu mais vasto e sublinhar as necessidades e prioridades subjacentes à sua adoção, que poderão posteriormente ajudar a interpretar as suas disposições. Por conseguinte, começa (capítulo I) com uma referência às principais aspirações e objectivos dos Reguladores Europeus, de modo a demonstrar as questões que precisavam de ser abordadas na altura, tanto de um ponto de vista técnico como estratégico.

O Capítulo II passa a analisar o modelo regulamentar escolhido, caracterizado pela fragmentação e por dois elementos contraditórios, mas bem interligados: a subsidiariedade e a comitologia, tal como se reflectem nos poderes e responsabilidades atribuídos aos múltiplos actores envolvidos na aplicação do REACH. Por conseguinte, é dada grande atenção ao papel dos principais intervenientes e, mais especificamente, ao peso da responsabilidade que recai sobre as partes interessadas da indústria química durante a fase de registo; às competências da ECHA, a recém-criada agência europeia dos produtos químicos; e, por último, ao papel dos Estados-Membros. No entanto, estas mesmas questões são analisadas de forma mais pormenorizada e aprofundada no

[1] artigo 141.1 do REACH, a seguir designado apenas pelo número do artigo.

contexto de todas as fases processuais do REACH nos capítulos pertinentes (III, IV, V e VI).

O relatório da parte processual deste estudo, para além de delinear os principais aspectos do processo, tenta abordar alguns elementos centrais das disposições legais, concentrando-se naqueles que melhor ilustram os pontos apresentados na parte teórica anterior. O capítulo referente ao registo (III) centra-se no papel primordial da recolha e divulgação de informações. Este papel é predominante nas disposições relacionadas com a apresentação conjunta de dossiês de registo por vários registantes potenciais e com a obrigação de partilha de dados, de modo a evitar ensaios desnecessários. O último subcapítulo (5) aborda o sistema estabelecido para o registo de substâncias de origem não europeia e, em particular, a disposição do "representante único" para a importação dessas substâncias no mercado interno europeu.

Os três capítulos seguintes, relativos à avaliação (IV), à autorização de produtos químicos perigosos (V) e às restrições impostas a produtos químicos que representam um risco inaceitável (VI), devem ser considerados como uma continuação do processo de registo e, por conseguinte, examinados de um ponto de vista comparativo que sublinha as caraterísticas operacionais através da mudança de papéis e competências dos principais intervenientes.

I. ANTECEDENTES E PRINCIPAIS OBJECTIVOS

A designação abreviada REACH[2] , pela qual o regulamento é geralmente conhecido em todo o mundo, é um acrónimo do seu título completo: "Registo, Avaliação, Autorização e Restrição de Substâncias Químicas". Estes quatro termos representam funções que foram adoptadas para regular a produção e a circulação de substâncias químicas no mercado interno europeu, com o objetivo de melhorar a proteção da saúde humana e do ambiente contra os riscos que podem ser colocados pelas substâncias químicas, reforçando simultaneamente a competitividade e a inovação da indústria química europeia. Essas funções visam também promover a partilha de informações e métodos alternativos para a avaliação e gestão dos riscos das substâncias, a fim de reduzir o volume de ensaios em animais. Todos os objectivos supramencionados devem ser prosseguidos através de medidas de gestão dos riscos justificadas e facilitadas por um apoio declarado ao princípio da precaução .[3]

O debate sobre uma nova política em matéria de substâncias químicas no seio da Comissão Europeia teve início muito antes da sua elaboração e promulgação em 2007. A Comissão traçou as linhas gerais da nova estratégia num Livro Branco já em 2001. Nesse documento, foi considerado um quadro harmonizado como o meio mais adequado para reduzir a diversidade regulamentar entre os Estados-Membros europeus.

A principal aspiração subjacente à adoção do REACH era substituir o anterior quadro jurídico relevante de quase quarenta diretivas e regulamentos por um sistema abrangente, simplificado e harmonizado que assegurasse a uniformidade no mercado interno europeu e que abordasse com êxito as principais questões de segurança e qualidade .[4]

---

[2] a seguir designado por REACH ou Regulamento.
[3]Considerando que o ponto 9 e o art. 1.3.
[4] John S. Applegate, Synthesizing TSCA and REACH: Princípios práticos para a proteção dos produtos químicos
Regulation Reform, Selected Works, março de 2008, página 18, http://works.bepress.com/john applegate/1.

Uma das forças motrizes subjacentes ao desenvolvimento de uma nova política em matéria de substâncias químicas na UE foi a falta de dados sobre as propriedades perigosas das substâncias químicas. A insegurança causada pelo défice de dados em torno do "fardo do passado"[5] , como eram chamadas as substâncias químicas antigas, era o lado da segurança do problema que precisava de ser resolvido. O segundo era o incentivo perverso à inovação, causado pela desigualdade de tratamento entre os produtos químicos antigos e os novos. Até então, apenas as substâncias recentemente produzidas estavam sujeitas ao ónus de informação. Em consequência, a indústria preferiu utilizar as substâncias antigas em vez de investir na investigação e desenvolvimento de novas substâncias, mais respeitadoras do ambiente e com menos efeitos adversos para a saúde humana[6] . A relutância em relação à I&D teve efeitos negativos na qualidade dos produtos químicos europeus e, consequentemente, na sua capacidade de competitividade na indústria, que anteriormente detinha uma posição de liderança no mercado internacional. Além disso, uma forte oposição pública aos ensaios em animais, que foi crescendo ao longo dos anos, estava a pressionar no sentido de um quadro regulamentar mais sofisticado, controlado e atualizado, em consonância com os rápidos desenvolvimentos científicos.

Como resposta europeia a estas questões, o REACH, para além das disposições relativas às substâncias que entram no mercado pela primeira vez, também trata das substâncias existentes, as chamadas substâncias de integração progressiva. Para estas últimas, o REACH estabelece um regime transitório específico de conformidade gradual através de um processo de notificação e pré-registo[7] . A questão dos ensaios em animais também é abordada através da criação de mecanismos, tais como a obrigação de partilha de dados para os produtores e a análise e aprovação prévias (ou não) de quaisquer propostas de ensaios pela ECHA. Os ensaios em animais devem

---

[5] Comissão Europeia, Livro Branco, Estratégia para a futura política em matéria de substâncias químicas, Bruxelas, 27.2.2001, http://eur-lex.europa.eu/LexUriServ/LexUriServ.do?uri=COM:2001:0088:FIN:EN:PDF

[6] Joan Scott, REACH: Combining Harmonization and Dynamism in the Regulation of Chemicals, Centre for Law and Governance in Europe, University College London, "Law and Governance in Europe" working paper series, 2007, página 1, disponível em: http://www.ucl.ac.uk/laws/clge/wp-series/ucl clge 002 07.pdf .

[7] Pré-registo, art. 23 e 28.

constituir uma solução de último recurso para a recolha das informações necessárias e, por conseguinte, evitar a duplicação de experiências, em especial as efectuadas em animais vertebrados, torna-se uma prioridade principal .[8]

O REACH consiste numa peça de legislação europeia que implementa a "nova abordagem" da Europa, tal como definida na Resolução do Conselho de maio de 1985 relativa à harmonização técnica e à normalização no sector dos produtos químicos[9] . Esta abordagem baseia-se na convicção de que o bom funcionamento do mercado interno depende, de forma crítica, da livre circulação de produtos de qualidade e de um nível adequado de harmonização técnica, através do estabelecimento de normas mínimas comuns.

O processo de harmonização no mercado interno, tradicionalmente prosseguido através da diretiva, é um instrumento que promove o comércio livre entre os Estados-Membros, garantindo a uniformidade da qualidade dos produtos. medidas de harmonização que estabelecem requisitos mínimos comuns e obrigatórios para a segurança e a qualidade dos produtos[10] . Normalmente, esses requisitos são aperfeiçoados por especificações técnicas, que são normas voluntárias. O termo "voluntário" significa que os produtores podem optar por não respeitar as normas, desde que possam provar que os seus produtos cumprem os requisitos mínimos obrigatórios.

Este quadro geral em que se insere o REACH também tem a sua base jurídica no artigo 95.º do Tratado da União Europeia, nos termos do qual o Conselho Europeu deve adotar todas as medidas necessárias ao estabelecimento e funcionamento do mercado interno.

Com os mesmos objectivos, o REACH cria a Agência Europeia das Substâncias Químicas[11] (ECHA), com a missão de salvaguardar e assistir a Comissão e os Estados-Membros na aplicação da legislação europeia sobre substâncias químicas.

---

[8] Disposições previstas nos títulos III e VI, respetivamente.
[9] Resolução do Conselho de maio de 1985 relativa a uma nova abordagem em matéria de harmonização técnica e de normalização (85/C 136/01), disponível em: http://eur-lex.europa.eu/LexUriServ/LexUriServ.do?uri=OJ:C:1985:136:0001:0009:PT:PDF
[10] Anexo II da Resolução supra nota 9.
[11] A seguir, ECHA ou a Agência.

Para verificar se a uniformidade é garantida, seria útil analisar o papel dos principais actores no contexto do modelo regulamentar que o REACH representa. Isto também será útil, mais tarde, para interpretar a interdependência dos poderes e competências destes actores durante os diferentes processos do quadro regulamentar.

II. OS PRINCIPAIS ACTORES

1. O modelo regulamentar

É inegável que o REACH não segue o paradigma tradicional de "comando e controlo" (CAC) que dominou a política ambiental durante décadas. A abordagem de "comando e controlo" significa que a indústria e/ou a atividade são reguladas diretamente por uma legislação que define o que é permitido e o que não é, sendo este último penalizado como ilegal. Esta abordagem na elaboração de políticas centra-se em políticas corretivas[12] em vez de reforçar técnicas mais abrangentes .[13]

A abordagem REACH, pelo contrário, está mais próxima do paradigma da autorregulação flexível, em que a parceria público-privada é dominante e pode assumir várias formas. Apesar da impressão de que o REACH tende para uma direção de *laissez-faire*, na realidade, consegue introduzir uma nova categoria de medidas, caracterizada por um elemento de co-regulação[14] , que pode ser colocada entre os modelos de autorregulação[15] e de regulamentação legal .[16]

A abordagem da co-regulação, enquanto *"nova vaga"* de autorregulação, representa um modelo mais sofisticado, em que "as regras são especificadas, administradas e aplicadas tanto pelo Estado como pelo sector regulado". Nestes modelos de co-regulação, é adotado o princípio da subsidiariedade e o processo de aplicação é "descendente" para o sector relevante ou para o sector privado[17] . O princípio da subsidiariedade significa que as decisões são tomadas o mais próximo possível do público. O REACH é dominado por um forte elemento de subsidiariedade e caracteriza-se pela privatização das funções de identificação e avaliação dos riscos.

[12] Por exemplo, o princípio do "poluidor-pagador", Declaração do Rio de 1992, Princípio 16.

[13] Por exemplo, o princípio do desenvolvimento sustentável (Relatório da Comissão Mundial sobre o Ambiente e o Desenvolvimento ou Relatório Brundtland, "O Nosso Futuro Comum", 1987) e o princípio da ação preventiva (Declaração do Rio de 1992, Princípio 11).

[14] By Applying the spectrum mentioned on Self-Regulation and the Regulatory State, A Survey of Policy and Practice, Ian Bartle e Peter Vass, Universidade de Bath, disponível em http://www.bath.ac.uk/management/cri/pubpdf/ResearchReports/17 Bartle Vass.pdf e tendo sempre presente que é difícil classificar um regime regulamentar num único tipo, página 3 do relatório.

[15] Os códigos de conduta são o exemplo mais caraterístico de um conjunto de regras estabelecidas e aplicadas pela autoridade reguladora.

[16] ou seja, a legislação, estabelecida e aplicada pela autoridade institucional.

[17] Ver inquérito da nota 14 supra.

2. Multiplicidade de actores - fragmentação

2.1. O sector e o elemento de subsidiariedade.

A responsabilidade privada pela produção e fornecimento de dados[18] , prevista no REACH, tem sido criticada e acusada de ser a sentença de morte para a indústria química, especialmente para as pequenas e médias empresas.

Os encargos de informação do REACH atingem a sua intensidade máxima no processo de registo, em que o fornecimento de dados é o pré-requisito para aceder ao mercado europeu, tal como consagrado na regra "sem dados não há acesso".

A abordagem tradicional implica que o ónus da prova de que uma atividade é legal e, portanto, aceitável, recai sobre a pessoa que pretende realizar uma atividade *contrária.* Em contraste, de acordo com a abordagem apoiada pelo princípio da precaução, o ónus da prova é transferido para aqueles que simplesmente desejam *realizar* uma atividade .[19]

O princípio da precaução é geralmente invocado quando prevalece a incerteza científica e fornece a base jurídica para uma ação antecipada, sem ter de esperar que os dados científicos comprovem os efeitos nocivos.

No entanto, quando se trata de provar esses riscos, o REACH evita referir-se ao "ónus da *prova"* e seleciona o termo "responsabilidade de *informação":* provar os efeitos nocivos de uma substância é legitimamente considerado como uma tarefa bastante extenuante e, por conseguinte, colectiva, exigindo uma colaboração estreita e esforços conjuntos de elevada competência. No entanto, a indústria tem de assumir uma grande quota-parte de responsabilidade e, quando se trata da produção e partilha de informação, essa responsabilidade torna-se ainda maior.

Esta responsabilidade atribui, indiscutivelmente, uma forte noção de subsidiariedade no REACH, que será ilustrada em pormenor nos capítulos relevantes que abrangem as fases processuais. No entanto, a par da responsabilidade da indústria,

---

[18] Considerando que os pontos 18 e 25 e o n.º 3 do artigo 1.

[19] Philippe Sands, Principles of International Environmental Law, segunda edição, Cambridge University Press, página 273.

os Estados-Membros também têm um papel ativo fundamental para garantir que os objectivos regulamentares são cumpridos e que a indústria não se aproveita da sua posição, subestimando o risco, especialmente no que diz respeito ao processo de registo e autorização, a fim de evitar a intervenção.

2.2. O papel exclusivo dos Estados-Membros

O REACH, embora apoie a harmonização total da indústria química europeia, consegue introduzir alguns elementos de flexibilidade, deixando espaço aos Estados-Membros para proporem, contestarem e contribuírem.

A visão tradicional de que a abordagem da autorregulação e/ou co-regulação é uma atividade alheia aos interesses do Estado enquanto regulador é um anacronismo. O Estado detém sempre um "interesse passivo, no mínimo, que pode ser ativado por um problema a qualquer momento"[20] . Assim, o poder de controlar, condenar, sancionar e monitorizar permanece sempre com o Estado.

O Título XIV do REACH reserva a competência de execução aos Estados-Membros, investidos de poderes para realizar controlos oficiais e vigilância do mercado[21] , impor sanções e adotar medidas de execução[22] . De cinco em cinco anos, os Estados-Membros devem apresentar à Comissão um relatório com todas as informações sobre as suas medidas de controlo do cumprimento do REACH[23] e os outros aspectos da aplicação do regulamento nos seus territórios[24] . Além disso, as autoridades de controlo do cumprimento dos Estados-Membros participam, através dos seus representantes, no Fórum de Intercâmbio de Informações sobre o Controlo do Cumprimento da ECHA[25] , um organismo único no seu género entre as agências europeias e que funciona como uma rede de partilha de conhecimentos e boas práticas sobre estratégias e mecanismos de controlo do cumprimento.

No que respeita aos poderes residuais dos Estados-Membros, a cláusula de

---

[20] Ver inquérito da nota 14 supra.
[21] Art. 125.
[22] Art. 126.
[23] Art. 127.
[24] Art. 117.
[25] Art. 76.1 (f) e 86.

salvaguarda prevista no artigo 129.º do sítio Web[26] é também significativa. Esta disposição permite que os Estados-Membros adoptem medidas urgentes e provisórias, contra um produto químico específico, que podem ser mais restritivas do que as previstas no REACH. O Estado-Membro que adopta a medida deve, contudo, notificar a Comissão, apresentando todas as razões que justificam a urgência e a necessidade da adoção unilateral da medida e todos os dados científicos e técnicos que sustentam essas razões. A decisão final de autorizar ou revogar a medida cabe à Comissão, que deve decidir no prazo de 60 dias a contar da notificação.

Os Estados-Membros devem cumprir as suas responsabilidades e exercer os seus poderes através da nomeação, nos seus territórios, de uma ou mais autoridades competentes REACH e de um serviço de assistência nacional. As autoridades nacionais estão incumbidas de tarefas de execução e actuam em cooperação com a Comissão e, em especial,[27] com a ECHA, enquanto os serviços de assistência nacionais se limitam a prestar aconselhamento e assistência às empresas locais, em especial no que respeita ao processo de registo de substâncias .[28]

Alguns argumentariam que estas competências exclusivas dificilmente legitimam e cobrem o défice democrático na política europeia em matéria de substâncias químicas. No entanto, a par destas, os Estados-Membros também exercem uma influência significativa através do papel fundamental dos três comités da ECHA durante os processos de tomada de decisão[29] . Estas competências "indirectas" também devem ser tidas em conta antes de se chegar a uma conclusão sobre a questão do equilíbrio de poderes.

2.3. A Agência - ECHA

A ECHA é a Agência Europeia dos Produtos Químicos, que entrou formalmente em atividade em 1st de junho de 2007[30] e foi criada por força do artigo 75. Com sede

[26] Ver também a cláusula VII da Resolução do Conselho C 136/1, nota 9.
[27] Art. 121.
[28] Art. 124.2.
[29] Tal como analisado no subcapítulo 2.3.1. relativo ao elemento Comitologia.
[30] Na mesma altura da promulgação do REACH.

em Helsínquia, Finlândia, a ECHA é uma entidade com personalidade jurídica[31] e, tal como as outras agências europeias, é descentralizada das instituições europeias. A ECHA está incumbida da aplicação da legislação europeia relativa aos produtos químicos, atualmente composta por quatro regulamentos,[32] e tarefas de natureza técnica, científica e operacional .[33]

A ECHA está incumbida de assistir a Comissão, bem como de prestar aconselhamento e orientação às agências nacionais, fabricantes, importadores e produtores e de promover a cooperação entre todos os intervenientes, incluindo organizações internacionais e países terceiros .[34]

Uma das suas principais responsabilidades consiste em facilitar a divulgação e a utilização da informação em toda a sua extensão, com o objetivo de criar um sistema de gestão de riscos bem estruturado. A informação é também utilizada para aumentar a confiança do público e ajudar os utilizadores finais a tomarem decisões informadas nas suas escolhas quotidianas. Por conseguinte, a ECHA, no desempenho da sua tarefa de assegurar a transparência e o acesso à informação[35] , mantém e actualiza um sítio Web com uma base de dados eletrónica acessível ao público. Esta base de dados gratuita fornece, entre outras coisas, pormenores sobre todas as substâncias registadas, inventários de classificação, rotulagem[36] , bem como as aplicações de software IUCLID para ajudar a indústria na apresentação do dossiê de registo.

O Conselho de Administração é o órgão diretivo da ECHA e é composto por 28 representantes dos Estados-Membros, seis representantes nomeados pela Comissão e dois pelo Parlamento Europeu[37] . O Conselho de Administração nomeia o Diretor

---

[31] personalidade jurídica da ECHA, art. 100.

[32] 1). REACH, 2). Regulamento CPL 1272/2008 relativo à classificação, rotulagem e embalagem, 3). Regulamento BPR 528/2012 relativo aos produtos biocidas e 4). Regulamento PIC 649/2012, relativo ao consentimento prévio informado no comércio de determinadas substâncias perigosas para países não europeus.

[33] Ver também o ponto 15.

[34] Art. 77.1 e 2.

[35] Art. 118 e 119.

[36] Art. 114.

[37] Art. 79.

Executivo, que actua como representante legal da ECHA e dirige o Secretariado .[38]

2.3.1 O elemento de comitologia e o papel influente dos Estados-Membros na ECHA.

A governação no seio da ECHA envolve um elemento de comitologia muito forte com três comités, que prestam assistência à

Conselho de Administração. Os Estados-Membros participam ativamente nos processos de tomada de decisão da ECHA, através da nomeação dos seus representantes nos três comités da ECHA: o Comité dos Estados-Membros (MSC), o Comité de Avaliação dos Riscos (RAC) e o Comité de Análise Socioeconómica (SEAC).[39] A nomeação dos membros dos comités deve ter em conta uma vasta gama de conhecimentos especializados relevantes[40] e ser feita com base no mérito, na sua capacidade e experiência no desempenho das tarefas relevantes para a função[41] . A decisão final sobre a nomeação cabe ao Conselho de Administração, mas, no entanto, baseia-se na nomeação dos Estados-Membros.

Não obstante o poder de nomear representantes, o papel de influência dos Estados-Membros é atenuado pela declaração do n.º 7 do artigo 85.º, que proíbe claramente que estes dêem instruções aos seus representantes que possam afetar a sua livre apreciação e, consequentemente, pôr em causa a independência da Agência.

Um exemplo ilustrativo do poder de decisão dos Estados-Membros é o que é efectuado no processo de avaliação de substâncias[42] . Uma das tarefas da ECHA é elaborar, de três em três anos, o plano de ação evolutivo comunitário (CoRAP) que especifica e estabelece as prioridades das substâncias a avaliar em cada ano. A inclusão de uma substância no CoRAP pode ter um efeito prejudicial na sua comercialização e, embora este seja um processo conduzido com base em critérios de risco, o processo

---

[38] Art. 83 e 76.1(g).
[39] Conforme estabelecido no artigo. 85.
[40] Art. 85.4.
[41] Art. 85.1 e 2.
[42] Art. 44 e 45.

permite que os Estados-Membros participem ativamente e, por conseguinte, defendam os seus interesses de três formas e instâncias diferentes.

Em primeiro lugar, os critérios para a elaboração da lista do projeto CoRAP são desenvolvidos pela Agência em cooperação com os Estados-Membros.

Em segundo lugar, o CoRAP final só é adotado após o parecer favorável do MSC. Em terceiro lugar, cada Estado-Membro pode então escolher uma ou mais substâncias para avaliar.

No caso de uma substância que não tenha sido selecionada por nenhum Estado-Membro, o Comité dos Estados-Membros deve atribuir por unanimidade a avaliação da mesma à autoridade competente de um dos Estados-Membros. Do mesmo modo, quando dois ou mais Estados-Membros optarem por avaliar a mesma substância, a ECHA remeterá a questão para o mesmo Comité para que este decida.

A decisão é tomada tendo em conta quatro elementos[43] : (a) o Estado-Membro em que o fabricante ou importador está localizado, (b) as respectivas proporções do produto interno bruto total da Comunidade, (c) o número de substâncias já avaliadas por um Estado-Membro e (d) as competências disponíveis no Estado-Membro que solicita a avaliação da substância.

No que diz respeito ao primeiro elemento da alínea a), pode argumentar-se que este tende a facilitar a recolha de informações de uma forma eficiente e económica, tanto para o fabricante/importador envolvido como para a autoridade nacional designada. Por outro lado, porém, poder-se-ia argumentar, em alternativa, que este elemento deixa espaço para o favoritismo do respetivo Estado-Membro em relação ao fabricante/importador, quando tal processo deveria ser revestido de neutralidade e imparcialidade. Quanto ao segundo elemento, acima referido (b), introduz uma noção puramente económica no processo de seleção que demonstra, mais uma vez, a orientação e a ambição do quadro para funcionar como um instrumento abrangente que aborda a maioria dos aspectos. O terceiro elemento (c) pode ser justificado com base na

[43] Art. 45.3.

existência de experiência anterior adequada, considerada apropriada para a tarefa, enquanto o último (d) não deixa margem para discussão.

Além disso, durante a tarefa de avaliação da substância, os Estados-Membros podem deparar-se com informações que sugerem que[44] uma substância deve ser incluída no CoRAP. Mesmo nesta fase tardia, os Estados-Membros têm o poder de notificar a ECHA e, eventualmente, obter a inclusão da substância na lista do CoRAP para avaliação posterior .[45]

O Comité de Avaliação dos Riscos e o Comité de Análise Socioeconómica são ainda mais influentes durante os processos de pedidos de autorização e de propostas de restrições, pelo que, por vezes, assumem o papel principal no Conselho de Administração da ECHA. Através dos seus pareceres[46] , fornecem à Comissão Europeia avaliações de diferentes perspectivas do risco e dos impactos socioeconómicos, antes da adoção das decisões finais. Os seus poderes e competências específicas durante estas fases são analisados nos capítulos V e VI do presente documento.

É possível que todos os processos acima referidos deixem uma margem significativa para os Estados-Membros influenciarem e negociarem decisões que afectam os seus interesses nacionais.

Por razões como as acima referidas, os académicos defendem em[47] que a ECHA não se encontra no topo da hierarquia do sistema estabelecido pelo REACH e que a sua autoridade de decisão regulamentar é bastante limitada.

2.3.2. Controlo judicial e Câmara de Recurso

A competência da ECHA é, em geral, de natureza dupla: por vezes, actua como órgão consultivo, elaborando pareceres e recomendações para a Comissão antes da promulgação de propostas legislativas ou da adoção de decisões[48] ; outras vezes, a

[44] sempre com base nos critérios definidos na fase anterior.
[45] N.º 5 do artigo. 45.
[46] Art. 76.
[47] Ver página 19 do documento de John S. Applegate, nota 4 supra, e página 1 do documento de Joan Scott, nota 6 supra.
[48] Ver, por exemplo, o artigo. 138.º relativo à competência da Comissão para rever várias disposições do

ECHA possui poderes de resolução de litígios e pode adotar as suas próprias decisões. No processo de registo, por exemplo, após a realização da "verificação de integralidade" do dossiê apresentado, a ECHA pode concluir que as informações exigidas são insuficientes ou que as taxas de inscrição não foram pagas, o que lhe permite rejeitar o pedido até que as informações e/ou taxas em falta sejam fornecidas [49].

O caso acima mencionado é um dos casos em que as decisões da ECHA podem ser contestadas perante a sua Câmara de Recurso [50], a entidade nomeada pelo Regulamento para a resolução de litígios. A sua competência limitada é enumerada exaustivamente[51] e, para além do tipo de decisões acima mencionado, também se aplica às decisões tomadas relativamente à isenção de substâncias para fins de PPORD[52], às decisões no contexto do processo de partilha de dados[53] ou às decisões relativas à avaliação de substâncias[54] que podem ser contestadas pelas empresas ofendidas.

Para ser admissível, o recurso deve ser interposto contra uma decisão definitiva e deve afetar direta e negativamente os interesses do recorrente. Os projectos de decisão e as decisões de carácter consultivo não podem ser contestados[55] perante a Câmara de Recurso, mesmo que sejam considerados importantes .[56]

As decisões da ECHA não abrangidas pela competência estabelecida no artigo 91.º, as decisões adoptadas pela Câmara de Recurso e os restantes pareceres científicos ou recomendações fornecidos à Comissão, no âmbito da capacidade consultiva da ECHA, só podem ser contestados perante o Tribunal de Justiça.

---

regulamento.

[49] Art. 20.

[50] Art. 76.1 (h) e art. 90.º, no que respeita à independência e imparcialidade das suas decisões e dos seus membros.

[51] Art. 91.

[52] Nos termos do art. 9.

[53] Mas apenas nos termos do art. 27. 6 e 7, e do art. 30.2 e 3.

[54] Nos termos do artigo. 51.

[55] "The role of ECHA in the REACH evaluation and authorisation phases, Interaction with stakeholders, decision-making and legal remedies" por Ruxandra Cana, publicado pela primeira vez na revista Specialties Chemicals, setembro de 2011, disponível em www.steptoe.com/publications-8716.html.

[56] Por exemplo, o do artigo. 40.º, par. 3, alínea d), com o qual a ECHA pode rejeitar uma proposta de ensaio.

A principal diferença entre estas duas vias de recurso é o efeito suspensivo automático do recurso interposto junto do Conselho da ECHA; pelo contrário, e como regra geral, os recursos para o Tribunal de Justiça Europeu não afectam a executoriedade da decisão recorrida. Os efeitos dessa decisão podem ser suspensos em consequência de uma decisão judicial que conceda a aplicação de medidas provisórias.[57]

O controlo judicial das decisões da ECHA parece ser ainda complicado. Poucos casos foram contestados perante a Câmara de Recurso e os tribunais europeus, a maioria dos quais contra a inclusão de uma nova substância no CoRAP. Este facto pode ser justificado pela perceção confusa da indústria sobre os seus direitos, uma indústria que ainda se encontra sobrecarregada pela tarefa árdua de cumprir os requisitos do REACH.

[57] Art. 278.º DO TRATADO DA UNIÃO EUROPEIA.

III. ASPECTOS FUNDAMENTAIS DURANTE O PROCESSO DE REGISTO

1. Panorama geral

O registo é a etapa inicial e mais decisiva do mecanismo estabelecido pelo REACH, bem como a condição prévia indispensável para a produção, importação, utilização e comércio de substâncias químicas no mercado interno da União. O procedimento é estabelecido no Título II (artigos 5.º a 24.º) do regulamento e está interligado com numerosos anexos que exigem informações pormenorizadas de carácter puramente técnico.

O registo é anunciado sob o rótulo fundamental *"sem dados, sem acesso"*, estrategicamente colocado no artigo 5.º inaugural, de modo a demonstrar a importância da informação como um poderoso instrumento regulador na procura da segurança química e a responsabilidade da indústria química em fornecer e partilhar essa informação.

De acordo com o complexo mecanismo REACH,[58] qualquer fabricante ou importador de substâncias químicas[59] estremes, contidas em preparações[60] ou em artigos[61] e em quantidades superiores a uma tonelada por ano, deve apresentar um pedido de registo à ECHA para cada uma das substâncias de interesse. O "registante"[62] tem de fornecer informações sobre cada substância e utilizar essas informações para avaliar eventuais riscos decorrentes do seu fabrico e utilização. No final, o dossiê de registo deve demonstrar que esses riscos são adequadamente controlados, ao longo do

[58] A Comissão Europeia, reconhecendo a complexidade do processo de registo e a necessidade de prestar assistência às indústrias, emitiu um guia pormenorizado em maio de 2012, ver nota 64.
[59] Art. 3.1: definição de substância como um elemento químico e seus compostos no estado natural ou obtidos por qualquer processo de fabrico, ..., mas excluindo qualquer solvente que possa ser separado sem afetar a estabilidade da substância ou alterar a sua composição.
[60] Art. 3.2: definição de preparação como uma mistura ou solução composta por duas ou mais substâncias.
[61] Art. 3.3: definição de artigo como um objeto ao qual, durante a produção, é dada uma forma, superfície ou desenho especial que determina a sua função em maior grau do que a sua composição química.
[62] Art. 3.7: definição de registante como o fabricante ou o importador de uma substância ou o produtor ou importador de um artigo que apresente um registo para uma substância.

ciclo de vida da substância .[63]

O registante tem de recolher todas as informações existentes disponíveis sobre as propriedades da substância, independentemente da tonelagem fabricada ou importada, e compará-las depois com os requisitos de informação normalizados estabelecidos pelo REACH, tal como definidos nos Anexos pertinentes (VII a X)[64] . Isto significa que, para cada substância, o conjunto de informações exigido pode ser diferente, dependendo a) das informações já disponíveis geradas por ensaios de registantes anteriores, b) da gama de tonelagem e c) da(s) utilização(ões) e exposição previstas da substância.

Poderão ser necessários ensaios adicionais, mas apenas se os dados disponíveis não forem adequados. Antes disso, o registante é obrigado a utilizar dados anteriores e já disponíveis, especialmente quando envolvem experiências com animais .[65]

O registante apresentará então, por via eletrónica, um dossiê de registo constituído por duas componentes: o dossiê técnico, incluindo as informações exigidas em cada caso[66] e o relatório de segurança química (CSR). O relatório de segurança química só é exigido para substâncias em quantidades superiores a 10 toneladas por ano por registante. O CSR[67] é a documentação da avaliação da segurança química (CSA) sobre os riscos colocados pela substância e inclui uma avaliação dos perigos físico-químicos e uma avaliação das substâncias consideradas persistentes, bioacumuláveis e tóxicas (PBT) ou muito persistentes e muito bioacumuláveis (mPmB). Se, com base nos resultados das avaliações supramencionadas, o registante concluir, ele próprio, que a substância é classificada como perigosa ou avaliada como

---

[63] Documento de trabalho dos serviços da Comissão, Relatório Geral sobre o REACH, que acompanha o documento Relatório da Comissão ao Parlamento Europeu, ao Conselho, ao Comité Económico e Social Europeu e ao Comité das Regiões, em conformidade com o artigo 117.°, n.° 4, do REACH e o artigo 46.°, n.° 2, da LPC, e a revisão de determinados elementos do REACH, em conformidade com o artigo 75.°, n.° 2, o artigo 138.°, n.° 3, e o artigo 138.°, n.° 6, do REACH, Bruxelas, 5.2.2013. de 5.2.2013, página 23.

[64] ECHA, Guia de orientação sobre o registo, versão 2.0, maio de 2012, Guia de orientação para a aplicação do REACH, 2.1.2.5,
http://echa.europa.eu/documents/10162/13632/registration en.pdf
página 52.

[65] Para mais informações sobre este assunto, ver o subcapítulo 4.2. sobre a partilha de dados.

[66] Ver art. 10.°, alínea a), bem como o artigo. 12 para quaisquer dados físico-químicos, toxicológicos e ecotoxicológicos disponíveis.

[67] A alínea b) do artigo. 10 e art. 14.

PBT ou mPmB, deve ainda efetuar uma avaliação da exposição e uma caraterização dos riscos para completar o dossiê técnico.

Uma vez efectuado o pedido, a ECHA verifica se foram fornecidas as informações necessárias e se foi paga a taxa de registo[68] . No final do processo de verificação, a ECHA atribui um número de registo à substância e disponibiliza-o na sua base de dados. A partir desse momento, a substância é autorizada a ser produzida e a circular no mercado interno europeu. A ECHA reserva-se o direito de rejeitar o pedido; o controlo nesta fase, contudo, limita-se a uma "verificação de completude", sem ter a responsabilidade de avaliar a adequação e a exatidão dos dados nem as justificações apresentadas[69] . No entanto, numa fase posterior[70] , a ECHA reserva-se o direito de examinar qualquer registo a fim de assegurar a sua conformidade com as disposições do regulamento.

Desde 1st de junho de 2007, data de entrada em vigor do REACH, e até ao final de 2011, o sistema eletrónico da ECHA (REACH-IT) recebeu 27 418 dossiês de registo de todos os Estados-Membros da União Europeia .[71]

2. Âmbito de aplicação, principais isenções e critérios de aplicação.

Todas as substâncias, independentemente de serem ou não perigosas e desde que estejam incluídas no âmbito de aplicação do registo, devem ser registadas quando atingem o limiar de uma tonelada fabricada ou importada por ano.

As principais isenções estão previstas no artigo 2.º e nos Anexos IV e V e incluem, entre outras, as substâncias que se encontram sob controlo aduaneiro em depósito temporário, em zonas francas ou em trânsito; as que se encontram em transporte ou são caracterizadas como resíduos.

As substâncias radioactivas, devido ao grave perigo da radiação ionizante, são abrangidas por um quadro específico,[72] e, por conseguinte, são excluídas pelas

[68] Art. 74.
[69] Art. 20 par. 2.
[70] Verificação da conformidade dos registos, artigo 41.º, no contexto do processo de avaliação do dossiê.
[71] Nota 64 supra, Orientações sobre o documento de registo, página 26.
[72] Diretiva 96/29/Euratom.

prescrições do REACH. Os Estados-Membros também têm o poder de isentar determinadas substâncias quando estas estão relacionadas com a defesa nacional. Outras substâncias isentas são os produtos intermédios não isolados[73] e os contidos em medicamentos para uso humano ou veterinário, em alimentos, como aditivos alimentares ou aromatizantes e em produtos para a alimentação animal.

As substâncias destinadas a serem utilizadas na proteção fitossanitária e os produtos biocidas são considerados registados nos termos do artigo 15.º, desde que o processo de registo tenha sido concluído em conformidade com as disposições do regulamento relevante .[74]

Uma isenção bastante significativa em relação à importância dada ao objetivo da inovação é a que consta do artigo 9. As substâncias utilizadas para fins de investigação e desenvolvimento (PPORD)[75] , podem ser isentas durante cinco anos. Esta isenção pode também aplicar-se aos processos de autorização e de restrições e, por conseguinte, ser alargada aos produtos químicos perigosos e às substâncias que suscitam elevada preocupação[76] [77] . A ideia subjacente à isenção acima referida é que a investigação científica ocorre normalmente em quantidades inferiores ao limiar de uma tonelada por ano, mas, no entanto, a isenção tem também um significado semiótico e visa atuar como um incentivo à inovação.

A isenção está sujeita a três condições cumulativas, duas substantivas e uma processual: 1) o PPORD é conduzido pelo próprio fabricante, importador ou produtor ou em cooperação com um número limitado de clientes conhecidos e listados; 2) a substância ainda não se destina a ser colocada no mercado, mas está limitada a atingir apenas os objectivos do PPORD; 3) tem de ser apresentada uma notificação à ECHA, apoiada por uma quantidade limitada de informações, facilmente identificáveis[78] . Esta última condição torna o processo significativamente menos oneroso do que o de

---

[73] Ver definição no art. 3.15 (a).
[74] A Diretiva 91/414/CEE, referida no artigo 15.º, foi revogada pelo Regulamento (CE) n.º 1107/2009 do Conselho a partir de junho de 2011.
[75] A frase exacta: produtos e processos orientados para a investigação e o desenvolvimento.
[76] Art. 67.1.
[77] Ver, mais adiante, as isenções de autorização, capítulo V, e as restrições, capítulo VI.
[78] De acordo com o n.º 2 do artigo. 9.

registo.

O registo em si, bem como a quantidade de informação gerada no seu processo, depende de critérios quantitativos: um limiar mínimo de volume e um limiar mínimo de volume/concentração. O limiar de volume de uma tonelada por ano é transversal a todo o registo, estabelecendo um limite mínimo acima do qual o registo de qualquer substância produzida ou importada se torna obrigatório. Este limite de volume visa eliminar um encargo injustificado para a indústria, uma vez que as substâncias em quantidades reduzidas[79] não suscitam preocupações quanto a riscos graves .[80]

medida que a quantidade importada ou produzida aumenta, aumenta também a quantidade e o pormenor das informações exigidas. O registante tem de consultar o Anexo relevante[81] para identificar o conjunto correto de informações e assume total responsabilidade pela apresentação de quaisquer dados adicionais, caso a substância já registada atinja o limite de tonelagem seguinte .[82]

O critério de volume/concentração aplica-se a polímeros e artigos. Nos polímeros, a concentração deve atingir, pelo menos, o limiar de 2% em massa (m/m) e, nos artigos, o limiar de 0,1% em massa (m/m)[83] . É claro que, tanto para os polímeros como para os artigos, também se aplica o limite mínimo de volume de uma tonelada por ano, juntamente com o limite de concentração.

Ao contrário do registo, os critérios acima referidos não se aplicam nos procedimentos de autorização e restrições, onde apenas se aplica um critério qualitativo, nomeadamente o aplicável quando a caraterização da substância é perigosa.[84]

3. Substâncias de integração progressiva e pré-registo.

O REACH prevê, para as substâncias já existentes no mercado, a possibilidade de

[79] ou concentrações, como indica o parágrafo seguinte.
[80] Considerando que o ponto 25.
[81] Anexo VII para quantidades superiores a uma tonelada, Anexo VIII para quantidades superiores a 10 toneladas, Anexo IX para 100 toneladas ou mais e Anexo X para 1000 toneladas ou mais.
[82] N.º 2 do artigo. 12.
[83] Art. 6.3 (a) para polímeros e 7.2 (b) para artigos.
[84] A única exceção é o critério de concentração de 0,1% p/p para as substâncias das alíneas d), e) e f) do artigo 57.

serem registadas por fases, seguindo prazos claramente definidos de acordo com critérios quantitativos e qualitativos.

Nos artigos 23.º e 28.º, o regulamento segue o princípio administrativo fundamental da boa governação, tratando as substâncias de integração progressiva e as substâncias de integração não progressiva de acordo com os princípios da proporcionalidade, imparcialidade e objetividade.

O REACH visa estabelecer um equilíbrio entre o direito à segurança jurídica e a proteção das expectativas legítimas das substâncias já existentes no mercado, as chamadas substâncias de integração progressiva, e a igualdade de tratamento das novas substâncias. Como já foi referido em[85] , o quadro anterior ao REACH incluía um tratamento regulamentar mais favorável às substâncias antigas, devido às disparidades de informação entre as substâncias químicas antigas e as novas, o que produzia um desincentivo perverso à inovação.

O REACH aborda essa questão da disparidade de informação: as suas disposições transitórias permitem que as substâncias antigas sejam registadas por fases e dentro de prazos especificados, após o que o registo se torna obrigatório. No entanto, para beneficiar do regime transitório, a condição prévia de pré-registo deve ser respeitada, seguindo os prazos estabelecidos no artigo 28.

Para efeitos de pré-registo, as substâncias de integração progressiva estão divididas em três categorias: a primeira categoria pode ser totalmente registada até dezembro de 2010 e inclui (a) substâncias classificadas como cancerígenas, mutagénicas ou tóxicas para a reprodução, (b) substâncias muito tóxicas para os organismos aquáticos e (c) substâncias que são produzidas ou importadas em quantidades iguais ou superiores a 1000 toneladas por ano. Para a segunda e terceira categorias, aplica-se apenas o critério quantitativo, que estabelece o prazo de junho de 2013 para as substâncias com uma quantidade anual igual ou superior a 100 toneladas e o de junho de 2018 para as substâncias produzidas ou importadas em pouco mais de uma tonelada por ano. No fim de contas, a ideia é que quanto maior for o risco, mais

[85] Sobre o capítulo I.

cedo é exigido o registo completo.

4. O papel da informação: mecanismos de apresentação conjunta e de partilha de dados.

O papel da informação em todo o REACH é fundamental e as suas disposições tentam criar um mecanismo bem orquestrado para a produção, divulgação e partilha de dados, em todas as fases e para benefício de todos.

4.1. Apresentação conjunta

O objetivo da apresentação conjunta e das disposições relativas à partilha de dados é que os registantes poupem dinheiro e esforços, ao mesmo tempo que se reduz a necessidade de ensaios - em especial em animais vertebrados. Estes objectivos são alcançados através da operação colectiva de funções e da partilha de informações e de carga de trabalho durante o processo de registo .[86]

O registo baseia-se no princípio "uma substância, um registo". Quando uma substância é fabricada ou importada por mais do que uma entidade, é necessário apresentar conjuntamente determinadas informações .[87]

A apresentação conjunta não elimina a obrigação de cada registante apresentar um dossiê individual, mas significa simplesmente que certas informações técnicas comuns, como as relativas às propriedades intrínsecas[88] , à classificação e rotulagem, às orientações para uma utilização segura e ao relatório de segurança química[89] , devem ser apresentadas conjuntamente.

Os registantes devem acordar quem, de entre eles, será o registante principal, com a obrigação de apresentar em seu nome as informações apresentadas conjuntamente, enquanto as restantes informações têm de ser apresentadas individualmente. Tal implica que, para a apresentação conjunta, são necessários dois tipos de dossiês: o

---

[86] Orientações sobre o registo, nota 64 supra, página 59 e art. 25.
[87] Ver artigos. 11 e 19.
[88] Art. 25.2.
[89] Ver art. 11 par.1 que remete para o par. 3 do art. 10.

"dossiê principal" e o "dossiê dos membros"[90]. O dossiê principal contém informações que abrangem a gama de tonelagem mais elevada e cumprem o prazo mais curto aplicável a qualquer dos restantes registantes. Os dossiês dos membros só podem ser apresentados depois de o dossiê principal ter sido aceite pela Agência, como pré-requisito para o primeiro.

A apresentação conjunta é um modo por defeito do qual o registante tem a possibilidade[91] de optar pela exclusão, mas sempre depois de apresentar uma justificação razoável no dossiê de membro. Qualquer uma das seguintes razões pode justificar a opção de auto-exclusão: a) seria desproporcionadamente dispendioso apresentar estas informações conjuntamente; b) conduziria à divulgação de informações comercialmente sensíveis, susceptíveis de causar prejuízos comerciais substanciais ao registante e c) o registante discorda do registante principal quanto à seleção das informações a apresentar. A opção de auto-exclusão liberta o registante da obrigação de apresentar conjuntamente as informações em questão, mas o registante continua a ser membro do processo de apresentação conjunta como um todo.[92]

4.2. Partilha de dados.

Paralelamente à apresentação conjunta, existe também uma obrigação de partilha de dados[93], especialmente quando se trata de ensaios com animais vertebrados. Essa obrigação pode funcionar a muitos níveis diferentes: a nível interpares, a nível descendente e ascendente na cadeia de abastecimento. Os ensaios devem surgir como solução de último recurso e depois de documentados numa proposta de ensaio pelo(s) potencial(ais) registante(s) ou utilizador(es) a jusante. Em seguida, passa por um processo de exame[94] antes de ser finalmente permitido (ou não) e, ocasionalmente, em condições específicas.[95]

Antes de qualquer proposta de ensaio para efeitos de registo, deve ser realizado

[90] Supra nota 64, Orientações sobre o registo.
[91] pelas disposições dos artigos. 11.3 e 19.2.
[92] Orientações sobre o registo, nota 64 supra, página 61.
[93] Títulos III, IV e V.
[94] Ver também o capítulo IV da avaliação.
[95] Art. 40°, ver também os artigos. 50° e 51° sobre o procedimento de tomada de decisão seguido.

um processo pormenorizado para garantir que as informações necessárias não existem já e, caso contrário, as informações devem ser partilhadas de forma justa entre o registante anterior e o potencial registante. A ECHA facilita este processo e interfere de forma mais drástica apenas em situações de impasse.

Este processo começa com a obrigação de o potencial registante apresentar um pedido de informação à ECHA[96], para saber se já foi apresentado um registo anteriormente. O "dever de inquirir" aplica-se a substâncias de integração não progressiva e a substâncias de integração progressiva que não tenham sido pré-registadas. Se a substância tiver sido registada anteriormente, a ECHA estabelecerá o contacto prévio com o(s) potencial(is) registante(s) para facilitar um acordo entre eles, principalmente de natureza financeira, para a partilha das despesas dos estudos[97]. Os estudos[98] têm uma duração máxima de doze anos e o potencial registante pode optar por não os consultar, ao passo que para os estudos em animais vertebrados não há limite de tempo e a sua utilização é obrigatória.

Para as substâncias de integração progressiva, o processo de partilha de dados segue um acordo diferente que envolve o Fórum de Intercâmbio de Informações sobre Substâncias (SIEF)[99]. Todos os potenciais registantes, utilizadores a jusante e terceiros que tenham apresentado informações à ECHA para o pré-registo de substâncias de integração progressiva tornam-se participantes do FIIS e qualquer intercâmbio de informações relacionadas com estas substâncias tem lugar no âmbito do funcionamento do Fórum, tal como no processo de consulta. Escusado será dizer que, atualmente, a ECHA não está de todo envolvida na parte de ligação do processo.

No entanto, se a informação não estiver disponível no SIEF e for necessário um estudo que envolva testes, os participantes devem chegar a um acordo entre si sobre quem realizará o estudo - apenas uma vez - e em nome de todos os outros. Após a conclusão do estudo, todas as partes podem aceder ao mesmo depois de terem

---

[96] Art. 26.
[97] Art. 27.
[98] Ver definições do artigo. 3.28 para o resumo do estudo e 3.29 para o resumo circunstanciado do estudo.
[99] Art. 29.

contribuído com a sua parte justa, proporcional e previamente acordada dos custos.

Em ambos os processos, são estabelecidas disposições de resolução[100] contra o proprietário do estudo que se recusa a partilhar as suas informações, aplicáveis apenas após terem sido esgotados todos os esforços possíveis. No primeiro processo (o das substâncias de integração não progressiva), a ECHA assume um papel ativo, permitindo que o potencial registante consulte as informações solicitadas. No segundo processo (o das substâncias de integração progressiva), a ECHA pode penalizar o proprietário do estudo, privando-o do direito de registo, enquanto o(s) outro(s) participante(s) é(são) autorizado(s) a proceder ao registo sem apresentar as informações contidas no estudo.

Para além dos registantes potenciais e reais, outros intervenientes na cadeia de abastecimento são também responsáveis pela divulgação de informações sobre as substâncias que manipulam, quer como fornecedores quer como utilizadores a jusante [101].

Em primeiro lugar, o fornecedor de uma substância é obrigado a fornecer ao destinatário uma ficha de dados de segurança (FDS), quando essa substância é classificada como perigosa[102], persistente, bioacumulável, tóxica ou mPmB, ou como uma substância que requer autorização e, por conseguinte, está incluída no Anexo XIV[103]. Mas mesmo quando não é exigida uma FDS, deve ser sempre fornecido um conjunto mínimo de informações a montante[104] e a jusante da cadeia de abastecimento, independentemente do facto de as substâncias se encontrarem estremes ou contidas em preparações[105] ou em artigos .[106]

Em segundo lugar, os utilizadores a jusante têm o direito de dar a conhecer uma utilização, por escrito, ao seu fornecedor imediato de uma substância ou preparação,

---

[100] Art. 27.6 para as substâncias de integração não progressiva e as substâncias de integração progressiva que ainda não foram pré-registadas e 30.3 para as substâncias de integração progressiva pré-registadas.
[101] Ver definição no art. 3.13.
[102] Em conformidade com as Diretivas 67/548/CEE ou 1999/45/CE.
[103] Art. 31.1 (a), (b) e (c).
[104] Art. 34.
[105] Art. 32.
[106] Art. 33.

com o objetivo de fazer com que essa utilização seja incluída e abrangida pelo registo[107] . Isto é particularmente importante para as substâncias que são fornecidas com um cenário de exposição e o utilizador a jusante tem de fornecer informações suficientes ao seu fornecedor para a sua preparação. O utilizador a jusante deve elaborar um relatório de segurança química para as substâncias já registadas e para as substâncias de integração progressiva, embora possam ser aplicáveis isenções .[108]

5. O "único representante" de um fabricante não europeu.

Desde 2003 que se tornou claro que os funcionários da Comissão Europeia tinham a ambição de promover o REACH como uma norma global e legitimar a liderança da UE no domínio da regulamentação dos riscos. A proteção do mercado interno poderia ser uma boa explicação para tal ambição e não deveria ser uma surpresa, tendo em conta o papel de liderança desempenhado pela UE na indústria química durante as últimas duas décadas.

Segundo as estimativas da Comissão Europeia no Relatório Geral sobre o REACH[109] , adotado em 5th de fevereiro de 2013, em 2003, quando o REACH foi proposto, a UE era o maior mercado de produtos químicos, detendo 30% das vendas mundiais. Apesar de, entretanto, a China ter assumido a liderança, a Europa continua a ser o maior exportador do mundo, tendo recuperado largamente da crise de 2008, ao contrário da maioria das indústrias.

O interesse crescente da União, gerado pelo elevado desempenho europeu no sector, acabou por ser cristalizado na regra geral "sem dados, sem acesso" que, no caso de produtos químicos não originários da Europa, é implementada através da disposição adicional do *"representante único"* do artigo 8º.

---

[107] Art. 37.2.
[108] Par. 4 (a) a (f) do art. 37.
[109] Ver página 5 do Relatório Geral sobre o REACH da Comissão ao Parlamento Europeu, ao Conselho, ao Comité Económico e Social Europeu e ao Comité das Regiões, em conformidade com o artigo 117.º, n.º 4, do REACH e o artigo 46.º, n.º 2, da LPC, e a revisão de determinados elementos do REACH em conformidade com o artigo 75.º, n.º 2, o artigo 138.º, n.º 3, e o artigo 138.º, n.º 6, do REACH, Bruxelas, 5.2.2013.

De acordo com essa disposição, os fabricantes não comunitários não podem importar produtos químicos para a Europa por si próprios e só o podem fazer mediante a nomeação de uma pessoa europeia, singular ou colectiva, que os represente e actue em seu nome, assumindo todas as responsabilidades relacionadas com o registo e a importação.

O representante único é totalmente responsável pelo cumprimento de todas as obrigações relativas às substâncias para as quais foi nomeado, bem como por todas as outras obrigações decorrentes do REACH para os importadores, como o pré-registo, a partilha de dados, etc.

O representante único deve ter experiência suficiente no manuseamento prático de substâncias e ser capaz de demonstrar às autoridades a documentação que comprova a sua procuração para agir em nome do fabricante não europeu. O fabricante deve fornecer-lhe uma lista dos importadores que serão abrangidos pelo registo. As quantidades a registar também devem ser definidas e dependem do acordo contratual estabelecido entre o representante único e o fabricante não europeu.

Todos os importadores da UE na mesma cadeia de abastecimento devem também ser informados de que foi nomeado um representante único para efetuar o registo dessa substância específica proveniente de um determinado fabricante não europeu. Quando um importador europeu é informado, o seu estatuto muda de importador para utilizador a jusante[110] , ficando assim dispensado de qualquer obrigação de registo. No entanto, isso aplica-se ao(s) importador(es) que pertence(m) à mesma cadeia de abastecimento ou, por outras palavras, aplica-se apenas à tonelagem para a qual o representante único foi nomeado. Por conseguinte, se o mesmo importador importar também uma tonelagem da mesma substância de outro fabricante não comunitário, será responsável por essa tonelagem, a menos que, evidentemente, a tonelagem tenha sido registada por outro representante único .[111]

O REACH estabelece um pré-requisito específico para os fabricantes não

[110] Art. 8.3.
[111] Nota 64 supra, apenas representativo de um "fabricante não comunitário", páginas 21 e 22.

comunitários; embora o acesso ao mercado europeu não seja proibido, os produtores não europeus são privados de personalidade jurídica para atuar, uma vez que essa capacidade é atribuída apenas a entidades europeias, quer sejam pessoas singulares ou colectivas. Para além disso, o procedimento para os produtos químicos não europeus é mais oneroso do ponto de vista jurídico e financeiro. A tarefa de encontrar e empregar, através de acordos contratuais, um representante único pode ser dispendiosa e morosa, tornando-a bastante proibitiva para a importação de quantidades relativamente pequenas e, por conseguinte, prejudicial para as médias e pequenas empresas, que podem ser afectadas pela falta de recursos humanos e financeiros para um empreendimento de tal complexidade.

Mesmo para os grupos de empresas, que supostamente dispõem de melhores recursos, o processo pode revelar-se desfavorável: nos termos do REACH, cada empresa, incluindo as que formam um grupo, constitui um fabricante "não europeu" e, como tal, é obrigada a apresentar um dossiê de registo separado para a mesma substância. O grupo pode nomear o mesmo representante único, mas o processo de registo deve ser seguido tantas vezes quanto o número de empresas que pretendem exportar a mesma substância para a Europa.

O REACH, no seu ponto 3 do preâmbulo, declara-se comprometido com o princípio da não-discriminação[112] ao aplicar as suas disposições a produtos químicos europeus e não europeus. No entanto, procedimentos diferenciados, como o acima referido, podem consistir numa espécie de barreira administrativa à entrada de produtos químicos não comunitários no mercado da União, em violação dos compromissos comerciais internacionais subscritos pela União Europeia[113] . É um facto que, na moderna arena do comércio internacional, a imposição unilateral de procedimentos de certificação restritivos das importações e de normas ambientais pode facilmente ser considerada como protecionismo.

A entidade reguladora europeia pretende encontrar um equilíbrio entre dois

---

[112] O Acordo GATT da OMC, o princípio do tratamento da nação mais favorecida, art. I.

[113] Para além dos direitos aduaneiros, quotas, subsídios, etc., que são proibidos pelos Acordos Gerais da OMC.

objectivos diferentes, por vezes contraditórios: o elevado nível de proteção da saúde humana e do ambiente, minimizando os efeitos adversos que os produtos químicos podem ter, bem como a circulação livre e não discriminatória de substâncias. Estes dois objectivos fazem parte das obrigações internacionais da Europa, no contexto do plano de implementação do desenvolvimento sustentável[114] para o primeiro e dos acordos da OMC para o segundo .[115] [116]

Tal como referido no Livro Branco de 2001 no que respeita às prioridades-chave da nova política em matéria de produtos químicos, a Comissão declarou que "*muitos países em desenvolvimento não dispõem de legislação, capacidade administrativa ou infra-estruturas adequadas para garantir a utilização segura dos produtos químicos*"^[5] . Esta consciência remonta a 1998, quando a Convenção de Roterdão, relativa ao consentimento prévio fundamentado (PIC) para determinados produtos químicos industriais perigosos e pesticidas provenientes de países em desenvolvimento, estabeleceu a condição do consentimento do país recetor antes de permitir o acesso a esses produtos químicos. A mesma convenção sublinhou a necessidade de avaliar as substâncias produzidas em países terceiros, como condição primordial para atenuar os riscos, e concluiu que os benefícios globais ultrapassam os encargos financeiros para os fabricantes não comunitários decorrentes de ensaios adicionais.

---

[114] Adotado em 4 de setembro de 2002 na Cimeira Mundial de Joanesburgo, considerando o ponto 4.
[115] Ver também o Livro Branco, nota 5 supra, no que respeita à conformidade da política europeia em matéria de produtos químicos com o nº 1 do artigo 2º da proibição dos obstáculos técnicos ao comércio da OMC, página 9.
[116] Página 10 do Livro Branco da nota 5 supra.

IV. ASPECTOS DA AVALIAÇÃO.

O processo de avaliação incide sobre o controlo e a avaliação de dois temas principais: os dossiês de registo e as substâncias. Os dossiês são examinados principalmente no que diz respeito a eventuais propostas de ensaios[117] , mas também está prevista a possibilidade de uma verificação geral da conformidade,[118] a fim de garantir a conformidade com as disposições do REACH. O processo de avaliação das substâncias centra-se na elaboração de critérios de risco para a atribuição de prioridades às substâncias, bem como num mecanismo de controlo que visa identificar as substâncias que necessitam de ser examinadas mais aprofundadamente relativamente às suas propriedades perigosas.

É possível que um registante, depois de ter esgotado todas as disposições do Título III relativas à partilha de dados, através do dever de consulta e da função do SIEF[119] , ainda precise de realizar ensaios para cumprir os requisitos de informação relativos à sua substância. A Agência avaliará essa necessidade, que é documentada na proposta de ensaio do potencial registante e incluída no dossiê de registo.

Quando a proposta de ensaio envolve ensaios em animais vertebrados, o REACH faz uma última tentativa para o evitar, com a ECHA a considerar qualquer informação ou estudo cientificamente válido apresentado, após a publicação de um convite à apresentação de dados no seu sítio Web. Os ensaios em animais vertebrados são considerados o último recurso para a obtenção de informações em falta sobre uma substância e, por conseguinte, a ECHA deve permitir esses ensaios desde que este seja o único instrumento disponível e após ter ponderado, caso a caso, todos os prós e contras relacionados com a proteção da saúde humana e do ambiente. Esta parte da avaliação é concluída com um projeto de decisão da ECHA que pode rejeitar ou aceitar a proposta de ensaio sob condições, modificações ou mesmo ensaios adicionais .[120]

---

[117] Art. 40.
[118] No art. 41.
[119] Ver acima o subcapítulo III 4.2 relativo à partilha de dados.
[120] Os par. 1 e 3 do art. 40.

A verificação da conformidade de um determinado dossiê cabe inteiramente à ECHA, no entanto, é estabelecida uma quota mínima, para a qual o controlo de conformidade é obrigatório: a Agência seleciona um número de dossiês que deve ser, pelo menos, 5% do total dos dossiês apresentados .[121]

Todas as informações obtidas durante a avaliação do dossiê, bem como quaisquer conclusões tiradas, são utilizadas pela ECHA e pelos Estados-Membros para efeitos da avaliação das substâncias[122] , que é a segunda fase do processo de avaliação.

A primeira tarefa, durante a avaliação da substância, é a elaboração pela ECHA, em colaboração com os Estados-Membros, de critérios destinados a identificar substâncias para avaliação posterior. Estes critérios caracterizam-se pela sua orientação para o risco e são desenvolvidos tendo em conta todas as informações disponíveis sobre perigos e exposição .[123]

São depois utilizados para compilar o projeto de plano de ação evolutivo comunitário (CoRAP) que identifica as substâncias a avaliar em cada ano. As substâncias são incluídas se existirem dados que indiquem riscos potenciais para a saúde humana ou para o ambiente e algumas podem ser acrescentadas ou retiradas antes de a ECHA adotar o CoRAP final. O CoRAP designa os Estados-Membros que efectuarão a avaliação. Quaisquer questões de resolução resultantes do desacordo entre os Estados-Membros sobre a atribuição das substâncias pertencem ao Comité dos Estados-Membros .[124]

Após a adoção do CoRAP final e após o parecer do Comité dos Estados-Membros, a ECHA será responsável por garantir que todas as substâncias são atribuídas e pela coordenação da sua avaliação pelas autoridades nacionais dos Estados-Membros aos quais são atribuídas.

Durante o processo de avaliação de uma substância, a autoridade nacional

---

[121] Para cada gama de tonelagem, o art. 41.5.

[122] Art. 42.2.

[123] Art. 44.1 (a) e (b).

[124] Ver também o capítulo II, 2.3.1 do presente documento, sobre as competências dos Estados-Membros no âmbito da ECHA.

designada avaliará e examinará todos os dossiês de registo de todos os registantes relevantes para a mesma substância, bem como as informações disponíveis de outras fontes. A avaliação pode, no final, concluir que os riscos estão suficientemente controlados com as medidas já em vigor. Se, pelo contrário, o Estado-Membro avaliador considerar que a substância representa um risco, pode então proceder a acções de acompanhamento da avaliação da substância, como a apresentação de uma proposta para identificar a substância como uma substância que suscita elevada preocupação (SVHC) ou uma proposta para a restringir unilateralmente.

O CoRAP é publicado de três em três anos. A atual versão preliminar foi publicada em 4 de novembro de 2013 e contém 125 substâncias para avaliação durante o período 2014-2016.

V. O PROCESSO DE AUTORIZAÇÃO.

Os principais objectivos do processo de autorização[125] são garantir que os riscos das substâncias que suscitam elevada preocupação (SVHC) sejam devidamente controlados e que essas substâncias sejam progressivamente substituídas por alternativas ou tecnologias adequadas que sejam económica e tecnicamente viáveis .[126]

As disposições relevantes centram-se no estabelecimento de um procedimento, em primeiro lugar, para a compilação da lista do Anexo XIV com as SVHS e, em segundo lugar, para a concessão de autorizações a essas substâncias ou à(s) sua(s) utilização(ões) em casos excepcionais e em condições estritas.

Para a criação do Anexo XIV, o sistema REACH prevê um procedimento de duas fases, a primeira pré-requisito da segunda: a identificação do artigo 59.º, através do estabelecimento de uma lista preliminar de candidatos e a inclusão final após recomendação do artigo 58.

[127]A iniciativa para a identificação de uma substância como VHC, devido à sua importância, pertence à Comissão[128] ou a qualquer Estado-Membro[129] e deve ser elaborado um parecer sob a forma de um dossiê sobre se as substâncias cumprem os critérios estabelecidos no artigo 57. Por iniciativa da Comissão, o dossiê é preparado pela Agência, enquanto os Estados-Membros têm de preparar os seus próprios dossiês. A ECHA não tem poderes para iniciar esse processo por si só e só pode preparar um dossiê a pedido da Comissão.

A ECHA publicará então no seu sítio Web um aviso de que foi elaborado um dossiê relativo a uma substância, sobre o qual todas as partes interessadas[130] têm a possibilidade de apresentar observações; se não forem apresentadas observações, a

---

[125] Título VII do regulamento.
[126] Art. 55.
[127] Os caracterizados como cancerígenos, mutagénicos, tóxicos para a reprodução, persistentes, bioacumuláveis e tóxicos, mPmB e todos os que existam provas científicas de efeitos graves e identificados caso a caso.
[128] Art. 59.2.
[129] Art. 59.3.
[130] Incluindo os Estados-Membros e a Agência, caso a substância tenha sido proposta por um Estado-Membro.

substância será incluída na lista de substâncias candidatas para posterior análise na segunda fase. Pelo contrário, se forem apresentados comentários, a questão é remetida ao Comité dos Estados-Membros para aprovação unânime; na ausência de aprovação unânime, a questão é reenviada à Comissão para decisão final .[131] [132]

O processo de inclusão final começa com a apresentação pela ECHA de uma recomendação à Comissão sobre as substâncias que merecem prioridade, com base no parecer do Comité dos Estados-Membros e noutras observações de todas as partes interessadas. Tal como indicado no considerando 78 do REACH, *"a Agência deve prestar aconselhamento sobre a atribuição de prioridade às substâncias ..., para garantir que as decisões reflectem as necessidades da sociedade, bem como os conhecimentos e desenvolvimentos científicos"^ .[32]*

A definição de prioridades baseia-se fundamentalmente nas informações contidas nos dossiês de registo. Por conseguinte, os registos devem ser tão exactos quanto possível e os registantes são incentivados a atualizar os seus dossiês com informações adicionais e/ou mais precisas sobre as utilizações, libertações e exposições das suas substâncias registadas, quando disponíveis. Os utilizadores a jusante da substância são também incentivados a comunicar, a montante da cadeia de abastecimento, informações relevantes sobre as suas utilizações e condições de utilização, de modo a garantir que os registantes disponham de informações suficientes para atualizar os seus dossiês de registo em conformidade.

Os critérios de prioridade, tal como definidos no n.º 3 do artigo 58.º[133] , não

---

[131] Neste caso, a decisão é tomada através de um procedimento de comité de regulamentação, ver art. 59.9 que remete para o n.º 3 do artigo 133. 133.3 e este último para o artigo. 5 da Decisão 1999/468/CE. As decisões da Comissão relativas a autorizações e restrições, em função da sua importância, são tomadas através de um procedimento de regulamentação ou de um procedimento de regulamentação com controlo. Os comités são fóruns compostos por representantes dos Estados-Membros que assistem a Comissão nas suas competências de execução, em conformidade com o chamado procedimento de comitologia, baseado nos princípios da subsidiariedade e da proximidade.

[132] Para mais informações sobre o método utilizado pela ECHA para definir as prioridades das substâncias recomendadas à Comissão, consulte a Abordagem geral para a definição de prioridades das substâncias que suscitam elevada preocupação (SVHC) para inclusão na lista de substâncias sujeitas a autorização, documento desenvolvido no contexto da segunda recomendação da ECHA sobre substâncias para inclusão no Anexo XIV, de maio de 2010, disponível em http://echa.europa.eu/documents/10162/13640/axiv prioritysetting general approach 20100701 en.pdf

[133] De acordo com o artigo. 58.3, "normalmente será dada prioridade" aos produtos com propriedades PBT ou mPmB, aos que têm uma utilização dispersiva alargada e em grandes volumes.

devem ser vistos como exclusivos e podem ser tidas em conta outras considerações, em particular no que diz respeito à eficácia regulamentar da seleção da substância .[134]

A publicação da recomendação da ECHA e o processo de consulta que se lhe segue revestem-se de grande importância, uma vez que a inclusão de uma substância no Anexo XIV[135] afecta drasticamente a sua comercialização. Neste contexto, as partes interessadas têm a possibilidade de alterar a recomendação da ECHA e de negociar a isenção de uma substância, de uma utilização ou de toda uma categoria de utilizações de uma substância específica.

De facto, este sistema baseia-se num instrumento de "aviso e comentário", em conformidade com o princípio geral do "processo equitativo", deixando margem para negociação. Tanto a ECHA, na sua recomendação, como a Comissão, na sua decisão final, parecem estar dispostas a reconsiderar utilizações ou categorias de utilizações .[136]

No entanto, a decisão final de inclusão no anexo é tomada pela Comissão[137] e pode conter isenções de determinadas utilizações ou categorias de utilizações de uma substância incluída.

As isenções são decididas caso a caso e depois de ter sido considerada a proporção entre o risco e a natureza da substância. Além disso, a decisão sobre a isenção inclui períodos de revisão e disposições transitórias, tais como a data de expiração, após a qual a substância é proibida.

Uma vez inscrita no Anexo XIV, uma substância fica proibida de ser colocada no mercado ou utilizada[138] , quer estreme, quer contida numa preparação ou incorporada num produto. A proibição aplica-se mesmo em pequenas quantidades, sem que seja necessário atingir o limiar de uma tonelada para o registo.

---

[134] Ver página 9 do Documento de Abordagem Geral supra nota 132.

[135] Do mesmo modo, a inclusão de uma substância no CoRAP para avaliação posterior e, mais ainda, a sua inclusão no Anexo XVII, que contém as substâncias unilateralmente restringidas pelos Estados-Membros.

[136] Ver n.ºs 4 e 2 do artigo. 58º, respetivamente.

[137] Tomando por base o procedimento de comitologia, ver nota 131 supra, desta vez o do comité de regulamentação com controlo, ver art. 58.1 que remete para o n.º 4 do artigo 133.º e este último para o artigo 5. 5-A da Decisão 1999/468/CE.

[138] Caso a(s) utilização(ões) não esteja(m) sujeita(s) a isenção.

Atualmente, a lista do Anexo XIV contém 22 substâncias[139] [140], a lista de substâncias candidatas 144140 e a ECHA publicou até à data quatro listas de recomendações, que foram submetidas ao processo de consulta .[141]

Para além da isenção já mencionada do artigo 55.2 para determinadas utilizações de uma substância, algumas outras podem também aplicar-se por força do artigo 56. As duas mais significativas são as previstas para a(s) utilização(ões) destinada(s) à investigação e desenvolvimento científicos (PPORD) e para as concedidas com uma autorização .[142]

A primeira isenção permite que as SVHC proibidas sejam utilizadas para fins de investigação e desenvolvimento, desde que tal esteja previsto no Anexo XIV, que também define as quantidades máximas isentas. Presume-se que, neste caso, as condições do artigo 9.º também se aplicam mutatis mutandis .[143]

A competência para a concessão de autorizações, devido à sua importância, pertence exclusivamente à Comissão .[144]

Qualquer fabricante, importador ou mesmo utilizador a jusante pode apresentar um pedido, solicitando a exclusão de uma ou várias substâncias ou utilizações das identificadas como VHC[145] . O pedido é concedido sob a condição fundamental de o requerente provar que qualquer risco para a saúde humana e/ou para o ambiente está adequadamente controlado, tal como refletido no relatório de segurança química[146] . O requerente deve também especificar a(s) utilização(ões) para a(s) qual(is) a autorização é solicitada, abrangendo também as preparações e os produtos, sempre que aplicável.

---

[139] Versão consolidada do REACH, à data de 21 de abril de 2013, disponível em http://eur-lex.europa.eu/LexUriServ/LexUriServ.do?uri=CONSLEG:2006R1907:20130421:EN:HT ML#E0086
[140] De acordo com a última atualização de 20th junho de 2013, disponível no sítio Web da ECHA http://www.echa.europa.eu/web/guest/candidate-list-table
[141] O atual contém 10 substâncias recomendadas para inclusão no anexo e foi publicado em 17 de janeiro de 2013, http://www.echa.europa.eu/documents/10162/13640/4th a xiv recommendation 17ja n2013en.pdf
[142] N.ºs 3 e 1, alínea a), respetivamente.
[143] Ver as condições de isenção do PPORD relativas a este documento, páginas 20-21.
[144] Art. 60.1, de acordo com o procedimento do comité de regulamentação, ver nota 131 supra e art. 64.8 que remete para o art. 133.3 e ao art. 5 da Decisão 199/468/CE.
[145] Art. 62.2 e 3.
[146] Art. 60.2.

A Agência é responsável pela recolha dos pedidos[147], enquanto os Comités de Avaliação dos Riscos e de Análise Socioeconómica emitem os seus pareceres à Comissão, antes de ser concedida uma autorização.[148]

As recomendações dos Comités sobre o pedido avaliam a necessidade da isenção, numa análise caso a caso, de um ponto de vista socioeconómico e de equilíbrio de riscos.

Para realizar as suas avaliações, os Comités (RAC e SEAC) assumem a liderança na avaliação e iniciam a recolha de informações adicionais junto dos requerentes e de terceiros, ao contrário do processo de registo, em que a tarefa cabe inteiramente à ECHA. A Agência envia estes pareceres à Comissão, antes de um processo de "notificação e comentários" que permite ao requerente apresentar os seus argumentos.

Se o requerente não conseguir provar, no relatório de segurança química, que o risco está adequadamente controlado, existe ainda a possibilidade de demonstrar que a medida de autorização pode ser justificada por diferentes motivos. Por esta razão específica, o pedido, para além do relatório de segurança química sobre os riscos, deve também conter uma análise das alternativas disponíveis e da sua viabilidade técnica e económica, bem como, quando existam alternativas, um plano de substituição acompanhado de um calendário com o tempo estimado para a substituição[149]. Além disso, e em casos particulares[150], o pedido deve conter uma análise adicional que demonstre os possíveis benefícios socioeconómicos decorrentes da utilização da substância, que podem, no final, justificar a concessão da autorização.

Este processo atribui um papel decisivo aos dois comités, cujos pareceres à Comissão têm um significado fulcral. O parecer do Comité de Avaliação dos Riscos procura avaliar os riscos decorrentes da substância, a adequação e a eficácia das medidas de gestão dos riscos, tal como descritas no pedido e, se for caso disso, os riscos decorrentes de possíveis alternativas[151]. A análise socioeconómica é um

[147] Art. 62.1.
[148] Art. 64.
[149] Art. 62.4.
[150] Os do par. 3 do art. 60.
[151] Art. 64.4 (a).

método de
ponderar os prós e os contras através de uma avaliação que examine a disponibilidade, a adequação e a viabilidade técnica das alternativas, associadas à(s) utilização(ões) da substância em causa .[152]

As autorizações podem ser alteradas ou retiradas pela Comissão no contexto de um processo de revisão[153] , ou a qualquer momento para excepções notáveis .[154]

[152] Art. 64.4 (b).

[153] As autorizações são consideradas válidas até que a Comissão decida alterá-las ou retirá-las, desde que o titular da autorização apresente um relatório de revisão pelo menos 18 meses antes do termo do período de revisão limitado, par. 1 do artigo. 61.

[154] Tal como referido no n.º 2 do artigo. 2 do art. 61.

VI. O PROCESSO DE RESTRIÇÕES

As restrições podem implicar uma limitação ou proibição do fabrico, do comércio ou da forma como uma substância pode ser utilizada, estreme, contida numa mistura ou num produto. Quando uma substância representa um risco inaceitável para a saúde humana ou para o ambiente, um Estado-Membro ou a Comissão Europeia podem considerar uma restrição como a melhor opção de gestão do risco. Esta conclusão pode ser desencadeada pelo facto de uma substância que suscita elevada preocupação não ser devidamente tratada apenas pela sua inclusão na lista do Anexo XIV de substâncias que necessitam de autorização. A restrição pode também resultar do facto de uma substância atingir a data de expiração da sua autorização. Do mesmo modo, poderão ser impostas restrições de autorização mesmo a substâncias em pequenas quantidades que não atinjam o limiar mínimo de uma tonelada do registo.

O mecanismo de restrições assemelha-se vagamente ao da autorização, no que diz respeito, em primeiro lugar, à competência para iniciar o processo e preparar o dossiê relevante e, em segundo lugar, à importância dos pareceres dos comités para a Comissão Europeia, que avaliam a adequação e o impacto socioeconómico da medida.

No entanto, a deliberação sobre as restrições é abordada numa base comunitária e pode também ser alimentada com informações de outras agências europeias de natureza semelhante, bem como com dossiês referentes a avaliações de risco relevantes, mesmo os apresentados para efeitos de outros regulamentos ou diretivas comunitários[155] . Estão previstas muito menos isenções que abrangem apenas as substâncias orientadas para a investigação e desenvolvimento (PPORD) e as utilizadas em produtos cosméticos.

É de salientar que o processo de restrições parece ser o último recurso para garantir a segurança contra as substâncias químicas perigosas. A possibilidade de uma substância ser restringida e incluída na lista do derradeiro Anexo XVII do Regulamento parece ser limitada, como demonstram os aspectos processuais

---

[155] Art. 68.

cautelosos das disposições relevantes. Esta cautela poderá ser justificada pelo facto de o REACH, antes de permitir medidas restritivas, visar um nível satisfatório de proteção contra as substâncias químicas, através das fases previamente adoptadas (registo, avaliação e autorização). No entanto, se se concluir que uma restrição é a panaceia final, a decisão relevante deve ser tomada de forma inclusiva e assídua. O processo de restrições limitadas prossegue os objectivos gerais do REACH: a gestão adequada dos riscos, que deve ser equilibrada com o funcionamento sem obstáculos do mercado de produtos químicos.

Qualquer Estado-Membro, ou a ECHA na sequência de um pedido da Comissão Europeia, pode optar por dar início à apresentação de uma proposta de restrição do fabrico, da colocação no mercado ou da(s) utilização(ões) de uma substância que possa representar um risco inaceitável para a saúde humana ou para o ambiente. A proposta é documentada num dossiê que será verificado pelos Comités de Avaliação dos Riscos e de Análise Socioeconómica quanto à sua exaustividade. Qualquer eventual pedido de informações adicionais por parte dos Comités é dirigido apenas à Agência ou ao Estado-Membro que apresenta a proposta. As partes interessadas do sector não são envolvidas nesta fase da recolha de informações. Se o requerente não conseguir completar o dossiê com as informações em falta, a proposta de restrição é encerrada nesta fase; caso contrário, será submetida ao processo de consulta, após publicação no sítio Web da ECHA.

O sistema de recolha de informações estabelecido apresenta elementos contraditórios: por um lado, procura realizar uma investigação à escala europeia[156] e, por outro, exclui o contributo da indústria, numa matéria de tal importância, considerando a sua total responsabilidade na fase de registo. Sem dúvida, os dossiês são preparados principalmente com base na informação já fornecida pelas partes interessadas durante todas as fases anteriores[157], o que indica a importância do seu envolvimento, sempre que lhes é dada a oportunidade.

---

[156] Art. 68.1 e 69.4.

[157] Sob a forma de todo o tipo de relatórios e avaliações.

Os pareceres do Comité de Avaliação dos Riscos e do Comité de Análise Socioeconómica são necessários para a formação da decisão final da Comissão[158]. No entanto, não são um pré-requisito, uma vez que a Comissão pode chegar a uma conclusão mesmo que os comités não tenham conseguido formular pareceres[159] ou pode adotar uma decisão que diverge das recomendações expressas.[160]

O efeito de uma decisão de restrição acaba por ser uma nova entrada ou uma alteração à lista de restrições constante do Anexo XVII.

---

[158] Mesmo neste caso, com base no procedimento do Comité de Controlo da Regulamentação.
[159] Art. 72.1.
[160] Art. 73.1.

Conclusão

As grandes aspirações e o entusiasmo dos funcionários europeus[161] pelo novo regulamento não foram igualmente partilhados pelo sector químico europeu nem pelas indústrias estrangeiras relevantes, devido à responsabilidade atribuída ao sector privado na identificação e gestão dos riscos e às alegadas medidas de protecionismo contra os produtores não europeus.

A verdade é que o REACH foi chamado a abordar um problema com muitos aspectos técnicos, operacionais e políticos. Isso foi possível através de um instrumento que combina, de forma bem orquestrada, elementos contraditórios. O REACH é o exemplo do casamento de um elemento predominante de subsidiariedade com um mecanismo sofisticado de tomada de decisões, a par do estabelecimento de um mecanismo de gestão de riscos altamente técnico, orientado pelo princípio da precaução.

A governação no seio da ECHA é um tema fundamental: as competências deslocam-se entre os seus vários órgãos, de acordo com a natureza e a importância da decisão a tomar. Os Estados-Membros desempenham frequentemente um papel mais importante do que se pensava inicialmente, através da sua participação nos comités e fóruns da ECHA, bem como na Comissão Europeia que, em casos de importância estratégica, é chamada a decidir.

A indústria é confrontada com as suas responsabilidades pela qualidade dos seus produtos e é chamada a participar na procura regulamentar da segurança química. Quase seis anos após a entrada em vigor do REACH, os relatórios[162] mostram que a indústria química europeia recuperou largamente da crise financeira, embora ainda

---

[161] O Parlamento Europeu identificou o REACH como o dossiê mais importante alguma vez discutido no seu seio e a Comissária do Ambiente da altura referiu a sua aspiração a que o REACH se tornasse global, Veerle Heyvaert, Globalising Regulation: Reaching Beyond the borders of Chemical Safety, Journal of Law and Society, Volume 36, n.º 1, março de 2009, pp. 110-128, ver em particular as páginas 112-5, disponível em: http://classwebs.spea.indiana.edu/kenricha/Oxford/Archives/Oxford%202011%20Readings/Heyvaert.pdf

[162] Relatório Geral, ver nota 109 e documento de trabalho dos serviços da Comissão, ver nota 63.

confusa, se não mesmo relutante, e não totalmente bem sucedida no cumprimento dos requisitos exigentes e ambiciosos do REACH.

As economias emergentes na arena do comércio internacional de produtos químicos, como a China, já começaram a dar a sua resposta ao REACH, introduzindo quadros semelhantes e, nalguns aspectos, menos onerosos. A este respeito, os funcionários europeus devem estar satisfeitos com o facto de o REACH ser utilizado como paradigma regulamentar a nível mundial. Por outro lado, porém, não seria surpreendente se, no futuro, a UE se visse confrontada com discrepâncias entre o REACH e as disposições dos acordos da OMC, no que respeita ao apoio declarado ao princípio da precaução na gestão dos riscos.

BIBLIOGRAFIA

- Documento de trabalho dos serviços da Comissão, Relatório Geral sobre o REACH, que acompanha o documento Relatório da Comissão ao Parlamento Europeu, ao Conselho, ao Comité Económico e Social Europeu e ao Comité das Regiões, em conformidade com o artigo 117.º, n.º 4, do REACH e o artigo 46.º, n.º 2, da LPC, e a revisão de determinados elementos do REACH, em conformidade com o artigo 75.º, n.º 2, o artigo 138.º, n.º 3, e o artigo 138.º, n.º 6, do REACH, Bruxelas, 5.2.2013. de 5.2.2013.
- Versão consolidada do REACH, disponível em: http://eur-lex.europa.eu/LexUriServ/LexUriServ.do?uri=CONSLEG:2006R1907:20130421:EN:HTML#E0086
- Decisão do Conselho, de 28 de junho de 1999, que estabelece o

  procedimentos para o exercício das competências de execução atribuídas à Comissão (1999/468/CE) (JO L 184 de 17.7.1999, p. 23), disponível em: http://eur-lex.europa.eu/LexUriServ/LexUriServ.do?uri=CONSLEG:1999D0468:20060723:EN:PDF
- Resolução do Conselho de maio de 1985 relativa a uma nova abordagem em matéria de

  harmonização técnica e normas (85/C 136/01),

  disponível em: http://eur-

  lex.europa.eu/LexUriServ/LexUriServ.do?uri=OJ:C: 1985:136:0001:0009:PT:PDF
- Agência Europeia dos Produtos Químicos, Guia de orientação sobre o registo, maio de 2012, versão 2.0, Guia de orientação para a aplicação do REACH, disponível em: http://echa.europa.eu/documents/10162/13632/registration

  en.pdf
- Comissão Europeia das Comunidades Europeias, Livro Branco, Estratégia para a

futura política em matéria de substâncias químicas, Bruxelas, 27.2.2001, COM(2001) 88 final, disponível em: http://eur-lex.europa.eu/LexUriServ/LexUriServ.do?uri=COM:2001:00 88:FIN:EN:PDF

- Abordagem geral para a definição de prioridades para as substâncias de risco muito elevado

  High Concern (SVHCs) for Inclusion in the List of Substances Subject to Authorisation, Documento desenvolvido no contexto da segunda recomendação da ECHA sobre substâncias para inclusão no Anexo XIV, de maio de 2010, disponível em

  http://echa.europa.eu/documents/10162/13640/axiv priority settinggeneralapproach 20100701 en.pdf

- Relatório geral sobre o REACH da Comissão ao Parlamento Europeu e ao Conselho

  Parlamento Europeu, o Conselho, o Comité Económico e Social Europeu e o Comité das Regiões, em conformidade com o n.º 4 do artigo 117.º do REACH e o n.º 2 do artigo 46.º da LPC, e a revisão de determinados elementos do REACH, em conformidade com o n.º 2 do artigo 75,

  Bruxelas 5.2.2013.

- Joanne Scott: REACH: Combinando Harmonização e

  Dynamism in the Regulation of Chemicals, Centre for Law and Governance in Europe, University College London, working paper series 2/07, 2007, disponível em

  http://www.ucl.ac.uk/laws/clge/wp-série/ucl clge 002 07.pdf .

- John S Applegate: Síntese da TSCA e do REACH:

  Practical principles for Regulation Reform, SelectedWorks, dos SelectedWorks de John S Applegate, março de 2008, disponível em

http://works.bepress.com/cgi/viewcontent.cgi?article=1000
&context=johnapplegate

- Philippe Sands QC: Principles of International Environmental Law, segunda edição, Cambridge University Press 2003 (páginas 231-290).
- Regulamento (CE) n.º 1907/2006 do Parlamento Europeu e do Conselho, de 18 de dezembro de 2006.
- Self Regulation and the Regulatory State, A Survey of Policy and Practice, Ian Bartle e Peter Vass, Universidade de Bath, disponível em: http://www.bath.ac.uk/management/cri/pubpdf/Research R eports/17BartleVass.pdf
- O papel da ECHA nas fases de avaliação e autorização do REACH, interação com as partes interessadas, tomada de decisões e recursos jurídicos", por Ruxandra Cana, publicado pela primeira vez na revista Specialities Chemicals, 21 de setembro de 2011.
- Nações Unidas, Assembleia Geral, Relatório das Nações Unidas, Conferência sobre Ambiente e Desenvolvimento, Rio de Janeiro, 3-14 de junho de 1992, disponível em: http://www. un.org/documents/ga/conf151/aconf15126- 1annex1.htm
- Veerle Heyvaert, Globalising Regulation: Reaching Beyond

  the borders of Chemical Safety, Journal of Law and Society, Volume 36, n.º 1, março de 2009, pp. 110-128, disponível em

  http://classwebs.spea.indiana.edu/kenricha/Oxford/Archive s/Oxford%202011 %20Readings/Heyvaert.pdf.

More Books!

yes

I want morebooks!

Buy your books fast and straightforward online - at one of world's fastest growing online book stores! Environmentally sound due to Print-on-Demand technologies.

Buy your books online at
www.morebooks.shop

Compre os seus livros mais rápido e diretamente na internet, em uma das livrarias on-line com o maior crescimento no mundo! Produção que protege o meio ambiente através das tecnologias de impressão sob demanda.

Compre os seus livros on-line em
www.morebooks.shop

info@omniscriptum.com
www.omniscriptum.com

OMNIScriptum

MIX
Papier aus verantwortungsvollen Quellen
Paper from responsible sources
FSC® C105338

Printed by Books on Demand GmbH, Norderstedt / Germany